honey and clover

羽海野チカ
umino chica

honey and clover

Sommaire

IL DOIT BIEN Y EN AVOIR 10 KILOS !

UNE "DIP PARTY", C'EST CHIC !

EN TOUT CAS, QUELLE QUANTITÉ !

LAISSE-M'EN AUSSI ! IL NE ME RESTE QUE 70 YENS* AVANT MA PROCHAINE PAIE !

SALUT ! JE PEUX ME JOINDRE À VOUS ?

ÇA TOMBE À PIC !!!

SAUCE SOJA

TONKATSU SAUCE

MAYONNAISE

SAUCE OTAFUKU

SEL

MAIS POUR-QUOI A-T-IL ACHETÉ SEULE-MENT DES CRO-QUETTES ?

ILS LIQUIDENT LES PRODUITS FRAIS À 9 HEURES MOINS CINQ.

AH ! ÇA VIENT DU SOUS-SOL DU "MY CITY" !

J'AI APPORTÉ LA WOR-CESTER SAUCE !

MY CITY

NE PLEURE PAS, HASEGAWA ! C'EST CE QU'IL ESPÈRE !!!

WAAAH !

IL SE MOQUE DE NOTRE PAUVRETÉ !

IL AURAIT PU RAPPORTER DE LA VIANDE... OUI, DE LA VIANDE... ENFIN, DE LA VIANDE, QUOI.

KHH

AVEC TOUT L'ARGENT QU'IL RAPPORTE, POURQUOI DONC DES CROQUETTES ?

KHH

À MON AVIS, IL S'EN FICHAIT COMPLÈTE-MENT !

LA MOITIÉ EST AU CURRY, ET L'AUTRE MOITIÉ, CLASSI-QUE !

IL EST QUAND MÊME ATTEN-TIONNÉ, VOUS SAVEZ.

* ENVIRON 0,50 EURO.

BYAH !

... TU VEUX BIEN ME RÉVEILLER DEMAIN À 8 HEURES ?

EN ÉCHANGE...

BAAM !!

TIENS !

PRENEZ-EN TOUS !

ÇA, C'EST PARCE QUE...

MAIS...

...POURQUOI NE DORT-IL PAS DANS SA CHAMBRE ?

... DEMAIN, JE DOIS LE RÉVEILLER À TEMPS POUR QU'IL ASSISTE AU COURS DE 10 HEURES.

JE CROIS COMPRENDRE...

AH...

AÏE !

LES COURS DE PREMIÈRE ANNÉE COMMENCENT TROP TÔT POUR LUI.

EFFECTIVEMENT, L'ANNÉE DERNIÈRE AUSSI, IL A DOUBLÉ PARCE QU'IL N'ARRIVAIT PAS À SE LEVER...

DRIIING

RrrriiinN...

MÊME TROIS RÉVEILS NE LE SORTENT PAS DU SOMMEIL.

S'IL MANQUE CE COURS, IL DEVRA FAIRE UNE SEPTIÈME ANNÉE !?

CIRCONSTANCES AGGRAVANTES !!!

MORITA A REDOUBLÉ PARCE QU'IL LUI MANQUAIT UNE U.V. EN PREMIÈRE ANNÉE, ET À CAUSE DE ÇA, IL RISQUE DE LOUPER SON DIPLÔME POUR LA DEUXIÈME FOIS.

OUI !!!

9

LAISSE TOMBER ET VA AU COURS, SINON, TU TE RETROUVERAS DANS LE MÊME PÉTRIN QUE LUI !

QUAND IL REVIENT DE SON TRAVAIL, D'HABITUDE, IL DORT PENDANT 48 HEURES.

* CADAVRE.

MAYAMA ! MORITA NE VEUT RIEN SAVOIR !

HUM~

CA FERA 1000 YENS !!!

CA VA TRÈS BIEN !!!

IL T'EN A FAIT VOIR DE BELLES PENDANT CETTE ANNÉE, HEIN ?

LÈVE-TOI, MORITA !!!

MAIS SI JE LE LAISSE TOMBER, IL VA FAIRE DE MA VIE UN ENFER, QU'IL REDOUBLE OU PAS !

20 MINUTES PLUS TÔT...

* ENVIRON 7 EUROS.

CELA VA FAIRE TRAVAILLER SON CERVEAU PLUS VITE.

NGH

NGH

D'ABORD, AUGMENTONS LE TAUX DE SUCRE DANS SON SANG AVEC CE LAIT AU CAFÉ DONT IL RAFFOLE.

BON, JE VAIS VOIR CE QUE JE PEUX FAIRE...

10

CONTINUE À L'APPELER PENDANT UN QUART D'HEURE !!!

AINSI, 30 % DE LA MALÉDICTION QUI LE POURSUIT DEVRAIT ÊTRE ÉCARTÉE.

BIP

TOUS CES EFFORTS POUR ÉCARTER 30 % DU DANGER ?

IL LE TRAITE DÉJÀ COMME UN MORT-VIVANT !

ENSUITE, PHOTOGRAPHIONS LES EFFORTS QU'IL FAIT POUR SE LEVER, AVEC L'HEURE DE LA TÉLÉVISION COMME PREUVE.

EUH... QU'EST-CE QUE C'EST ?

QUOI ? MAIS ÇA SE VOIT, NON ?

SI JAMAIS IL NE SE RÉVEILLE QUAND MÊME PAS, VA AU COURS.

JE TE PRÊTE MON KICK-BOARD.

HAPPY BIRTHDAY, MAYAMA !

UN KICK-BOARD !

GWAR

NE ME DIS PAS QUE TU COMPTES EFFACER AINSI LA DETTE DES 10 000 YENS* QUE TU M'AS EMPRUNTÉS LE MOIS DERNIER !

TU EN VOULAIS UN, NON ?

QUOI ? CELUI QU'A FABRIQUÉ MORITA ?

HA ! HA ! HA !

* ENVIRON 70 EUROS.

* VENT.

20

ズダーン ZDAM

ZZ-Z-Z-ZAM

TEMPS RÉEL : 4 MINUTES

ズザザザザ

UN CHAMP DE TAROS* DERRIÈRE LA FAC.

*TUBERCULE COMESTIBLE S'APPROCHANT DE LA PATATE DOUCE.

PRENDS...

...ÇA !

KOROPOKKURU*!!!

OUI!!!

* LES KOROPOKKURU SONT, SELON LES LÉGENDES DES AÏNUS, DE MINUSCULES PERSONNAGES VIVANT SOUS LES FEUILLES.

C'ÉTAIT UN PEU DIFFICILE À REMARQUER. (VOIR CI-DESSOUS)

EN RÉALITÉ, IL Y AVAIT QUELQU'UN D'AUTRE QUI ÉTAIT EN TRAIN DE TOMBER AMOUREUX.

PERSONNE NE S'EN ÉTAIT RENDU COMPTE.

Chapitre 1 : fin

CE NE SERAIT PAS...?

QU'EST-CE QUE C'EST QUE ÇA...?

ZBAM

ズバーン

MORITA L'A APPORTÉ HIER.

PAQUET DE CIGARETTES HI-LITE

hi-lite
FILTER CIGARETTS

C'EST DONC ÇA !

HA!

CECI EST L'EMPREINTE DU PIED D'UN KOROPOKKURU !

KYAH!
キャーッ!

HA! HA!

HA! HA!

HA!

PÂTE À MODELER

MOI QUI ME DEMANDAIS DANS QUEL BUT IL AVAIT PRIS L'EMPREINTE DE HAGUMI...

MORITA...

DITES...

... ET HAGU-CHAN ?

24

MAIS C'EST MONUMENTAL !?

ALORS...

... QUE FAIT-ELLE DONC ?

JE VEUX VOIR !!!

... ET A INSISTÉ POUR QUE CE SOIT ELLE QUI RÉALISE CETTE SCULPTURE.

QUAND ELLE N'ÉTAIT ENCORE QU'EN PREMIÈRE ANNÉE AU LYCÉE, UN AMI GALERISTE L'A REMARQUÉE...

... D'UN MUSÉE QUE L'ON EST EN TRAIN DE CONS-TRUIRE À YOKOHAMA.

CETTE STATUE DOIT ÊTRE PLACÉE DANS L'ENTRÉE...

QUAND ELLE EST DANS CET ÉTAT, ELLE NE BOIT MÊME PAS !

QUELLE CONCEN-TRATION, HEIN !?

EXTASE

PÉTRIFIÉ

ALORS...

... NI CE QUE JE VOUDRAIS FAIRE...

JE NE ME SUIS ENCORE JAMAIS DEMANDÉ OÙ JE VOUDRAIS TRAVAILLER PLUS TARD...

MOI, JE SUIS ENTRÉ AUX BEAUX-ARTS EN ME DISANT QUE JE VOULAIS "FAIRE QUELQUE CHOSE".

* NOUILLES.

... ÇA M'A FAIT PANIQUER...

... EN VOYANT CE QUE RÉALISAIT HAGU-CHAN...

... TU SERAS SANS DOUTE ENGAGÉ DANS LE BUREAU D'ARCHITECTES OÙ TU FAIS TES PETITS BOULOTS, NON ?

ET QUAND TU AURAS TON DIPLÔME, MAYAMA...

... MAIS EN RÉALITÉ, IL TRAVAILLE TRÈS SÉRIEUSEMENT...

MORITA SEMBLE N'EN FAIRE QU'À SA TÊTE...

SACRÉ MORITA... IL SE DÉBROUILLERA TOUJOURS POUR AVOIR DE L'ARGENT...

IL EST SOUVENT RENOUVELÉ, ET IL Y A DE PLUS EN PLUS DE LIENS CACHÉS...

MAIS CE SITE A ÉNORMÉMENT DE SUCCÈS PARMI LES MANIAQUES...

ENFIN, LA COMMISSION EST ASSEZ RÉDUITE. 50 YENS* PAR CLIC, PAR EXEMPLE...

DIS, IL N'EST PAS ENCORE MORT !

BILL GATES EST MON ANGE GARDIEN !!!

UHH...

VOILÀ... "VOULEZ-VOUS ESSAYER ?" ET QUOI ENCORE !

TOUT EXCITÉ !

QUOI... IL SE FAIT 10 000 YENS PAR JOUR ?

*ENVIRON 0,35 EURO.

AAAAH !

TAK つか

TAK つか

TAK つか

GARANG

UN PRESSE-PAPIERS, FABRIQUÉ À PARTIR DE L'EMPREINTE DU KOROPOK-KURU !

C'EST POUR TOI.

JE LE VEUX !

DITES, COMBIEN POUR CELI ?

EUH !

GATANG

AH ! MORITA !

ELLE NE S'EXPRIME PAS ORALEMENT.

BASSAM
BASSAM

...

VENDEZ-LE-MOI ! J'INSISTE !!!

CAHIER DE HAGU

??

...

AH ! ELLE L'A PRIS EN GRIPPE !

IL Y AURA MONSIEUR HANAMOTO, HAGU-CHAN, ET CEUX DE LA MAISON...

CA TE DIT DE VENIR À UN BARBECUE ?

J'OUBLIAIS !!!

UN PRESSE-PAPIERS EN FORME DE PIED DE KOROPOK-KURU !

... JE DOIS DE NOUVEAU REPARTIR TRAVAILLER...

CE SOIR...

AAH !

36

B...

BONJOUR...

QUE...

MONSIEUR!?

... DES PIEDS DE CETTE POINTURE.

UN... INSTANT... JE VOUS PRIE...

DONNEZ-MOI...

... UNE PAIRE POUR...

CA iRA COMME ÇA !

JE SUIS PRESSÉ.

FRAFF FRAFF

ゴン ゴン

ELIH...

VOILÀ LA PAIRE...

COMBIEN?

LA LIASSE !

札束っっっ

ピッ

DJING

COMMENT SOUHAITEZ-VOUS PAYER...?

ELIH... 32 000 YENS*.

* ENVIRON 228 EUROS.

...DJANG

ドゥン

QUAND...

JE...

JE VOUS REMERCIE !

ドゥン スタ スタ スタ ドゥン

...VA-T-IL RENTRER ?

AH ! MORITA !

WAH ! DE LA VIANDE !?

TU DOIS ÊTRE FATIGUÉ !

PAS DU TOUT ! NOUS T'AVONS ATTENDU.

... EST FINI ?

UUH...

TAKEMOTO... LE BARBECUE...

FWAAA

TU EN AS ACHETÉ !

JE VOUS AI RAPPORTÉ ÇA...

1 KILO DE BOEUF À 690 YENS*...

MAIS TOUT LE MONDE SERA CONTENT ! ET MOI AUSSI !

TU AS MIS LE TEMPS, MORITA...

ILS SEMBLENT LIÉS PAR UNE CONFIANCE RÉCIPROQUE...

OUI...

¥890

¥790

¥690

* ENVIRON 4,90 EUROS.

JE ME SENS UN PEU À L'ÉCART...

790 YENS : ENVIRON 5 EUROS.
890 YENS : ENVIRON 6 EUROS.

...

AH !

MORITA ?

MORITA?

ZUM

C'EST POUR TOI.

MORITA !?

DES MULES !

DES MULES EN LAME ROSE !

...

COMBIEN LES A-T-IL PAYÉES !?

Mi... MiLi MiLi* ?

QUAND J'ÉTAIS ÉTUDIANT, LES AMÉRICAINES EN PORTAIENT DE PAREILLES.

MORITA TE LES A OFFERTES...

DES MULES RAVISSANTES !!! ☆☆

DES MULES ROSES !!! ☆☆

DANG

HA HA HA HA !

JE ME DEMANDE OÙ IL A TROUVÉ DES SANDALES RÉTRO COMME CELLES-LÀ !

TOURNE

TOURNE

TOURNE

TAK

TAK

* MARQUE DE CHAUSSURES DE LUXE.

RHHH

TU SAIS...

QU'IL EST...

LOURD...

... HAGU-CHAN ÉTAIT TRÈS CONTENTE !

FRAFF FRAFF

IL AURAIT AU MOINS PU METTRE LA VIANDE DANS LE FRIGO DU DÉPARTEMENT...

ELLE T'A SÛREMENT PARDONNÉ CETTE HISTOIRE DE SITE WEB !

OUVRE LES YEUX, TAKEMOTO ! CE PINCEMENT, C'EST AU COEUR, PAS À L'ESTOMAC !

... J'AI FAIM ?

OU ALORS, C'EST QUE...

ET IL EST À DES LIEUES DE SE DOUTER QUE CELUI QU'IL PORTE SUR SON DOS...

... RISQUE BIEN D'ÊTRE SON RIVAL...

TAKEMOTO NE S'EST PAS ENCORE RENDU COMPTE QU'IL ÉTAIT AMOUREUX DE HAGUMI...

BLOM

ずっしり…

QU'IL EST LOURD !

SI JE TRAINE, IL SERA DE PLUS EN PLUS LOURD !!

DÉPÊCHONS-NOUS...

CA ME RAPPELLE L'HISTOIRE DU BÉBÉ MONSTRUEUX QUI PESAIT DE PLUS EN PLUS LOURD...

Chapitre 2 - fin

honey and clover

Chapitre 3

SURVÊTEMENT
DATANT DE
L'ÉPOQUE
DU LYCÉE

ELLES LE TRAITENT COMME UN OISEAU RARE...

HUM...

ON DIRAIT PLUTÔT QU'ELLES JETTENT DE LA NOURRITURE À UN ANIMAL !

REGARDEZ ! IL MANGE AVEC UNE ÉNERGIE INCROYABLE ! C'EST RIGOLO !

KYAH ! ♡ JE LUI AI DONNÉ À MANGER !!!

... MORITA, C'EST ÇA ?

... ET CE GARÇON QUI PORTE TOUJOURS UN PANTALON TRAINING...

EUH... POURQUOI PAS, MAIS...

... QUAND J'AI UN JOUR PROPOSÉ AUX FILLES DU DÉPARTEMENT DESIGN D'ALLER BOIRE UN VERRE...

OUI, ET POURTANT...

S'IL VIENT AUSSI, NOUS VIENDRONS SANS DOUTE...

...

... SANS DOUTE !

POURQUOI UN TYPE PAREIL A-T-IL DU SUCCÈS ?

AAH... MÊME TOI, ALORS...

VOILÀ CE QUE JE ME SUIS VU RÉPONDRE !

...

SOUVENIR IRRITANT!

CRR + CRR

RHH

... SANS SE LAISSER INFLUENCER PAR LES PAROLES DES AUTRES.

C'EST SANS DOUTE PARCE QU'IL SUIT SA VOIE...

... EST ASSEZ RARE.

DANS LA SOCIÉTÉ OÙ NOUS VIVONS, CE GENRE DE GARÇON...

IL Y A DU VRAI DANS CE QUE VOUS DITES...

CHOC

ZDOMM

MAYAMA ! TAKEMOTO !

VENEZ ! JE SUIS LÀ ! ☆

MORITA !?

LES SPECTATEURS SE TIENNENT À DISTANCE.

IL S'EST DÉGUISE EN MOÏSE !?

LES DIX COMMAN-DEMENTS !? EUH...

CONCENTRÉE !

PLATT

HOP HOP

TIENS, TU N'AS PAS VU LA TENTURE, HAGU ?

UNE QUALITÉ PEUT ÊTRE À DOUBLE TRANCHANT... EN DÉCOUVRANT CETTE VÉRITÉ, TAKEMOTO ET MAYAMA AVAIENT ENCORE UN PEU MÛRI...

ÇA VA !

BON !!!

OÙ VA-T-IL ?

...

MORITA PLAIT AUX FILLES PARCE QU'IL NE SE LAISSE PAS INFLUENCER PAR CE QUE DISENT LES AUTRES. MAIS S'IL N'A PAS DE COPINE, C'EST AUSSI PARCE QU'IL N'ÉCOUTE PAS DU TOUT LES AUTRES !

...

...

AH ! MOÏSE !!!

Chapitre 3 - fin.

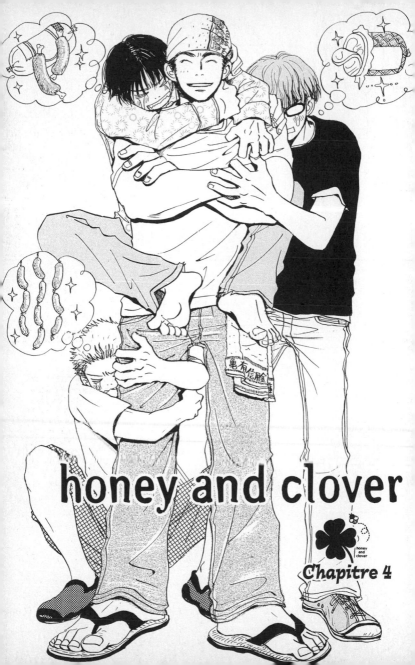

honey and clover

Chapitre 4

... DES
PÂTES...

ET LA
VIANDE ?

SAUCE
SOJA

... DE LA
VIANDE
!!!

JE VEUX...

DE LA
VIANDE !

DE LA
VIANDE !

C'EST
LA FIN
DU MOIS,
ET C'EST
DUR POUR
TOUT LE
MONDE !

MORITA,
ÇA NE
SERT À
RIEN DE
T'ÉNERVER,
IL N'Y EN
A PAS.

SI ÇA NE
TE PLAIT
PAS, N'EN
MANGE
PAS !

DE LA
VIANDE !

BAM

SES PARENTS SONT
FABRICANTS DE PÂTES
À SHIZUOKA.

C'EST
QU'IL
CRITIQUE
LES PÂTES
QUE M'ONT
ENVOYÉES
MES
PARENTS ?

MA SŒUR ET SON MARI S'OCCUPENT DES CHAMPS ET DES VACHES.

EN TOUT CAS, IL RESTE DU TEMPS JUSQU'AUX MOISSONS DU RIZ.

ÇA VA TOUT DOUCEMENT.

AU FAIT...

... LOHMEYER...

COMMENT VA TON PÈRE ?

MÊME S'IL ÉCHOUAIT SUR UNE ÎLE DÉSERTE, IL N'AURAIT AUCUN MAL À NOURRIR UNE FAMILLE DE SIX PERSONNES...

CES BRAS MUSCLÉS ! CE LARGE TORSE ! C'EST ÇA, UN TRAVAILLEUR ?

JE ME FERAI UN PEU D'ARGENT ICI JUSQU'À LA MOISSON. ET JE VEUX ME DÉPÊCHER D'OBTENIR MON DIPLÔME !

ILS ONT ACHETÉ UN NOUVEAU TRACTEUR CHEZ FORD...

HA! HA!

QUELLE CLASSE !!!

* LOHMEYER JAMB

honey and clover

Chapitre 5

HÉ ! HAGU-CHAN !

...

BIEN EN MAIN !

TIENS ! CETTE PETITE PASTÈQUE, C'EST POUR NOTRE DESSERT.

TIENS-LA UN PEU...

COMME ÇA, ON DIRAIT UNE PASTÈQUE DE TAILLE NORMALE ! ☆

...EST EMPORTÉ PAR LA RIVIÈRE...

LE DESSERT...

C'EST BEAU...!

ROLL ROLL

ZWPP つうれん

GLANG ガラッ

OUPS

LE KOROPOKKURU A LAISSÉ FILER NOTRE DESSERT !

AH!

BATCHANG

DE L'ARGENT SOUS FORME DE FEUILLES ?

DONNEZ-MOI DU TOFU FRIT !

TIENS...

... POUR TE REMER-CIER.

C'EST QUOI, CES FEUILLES ?

EUH ?

HM ?

DE L'ARMOISE.

こっくり

MON T-SHIRT EST DEVENU UNE ROBE !

AH...

EN LES FROTTANT AINSI...

...

FROTTE

FROTTE

* FÉLIX D'ARTIFICE.

LE LENDEMAIN, HAGUMI ET MONSIEUR HANAMOTO...

... SONT RENTRÉS DANS LEUR MAISON DE NAGANO POUR TOUTES LES VACANCES.

TOUT AU LONG DE CET ÉTÉ, J'AI GARDÉ EN MÉMOIRE...

... CE FRÊLE SCINTILLEMENT...

... QUE J'AVAIS CONTEMPLÉ AU BORD DE L'EAU.

CE FUT LE PREMIER ÉTÉ...

... OÙ LES VACANCES M'ONT SEMBLÉ LONGUES.

UN COLIS POUR VOUS !

BONJOUR!!!

DING DONG

SEITA

Chapitre 5 - fin

76

ŒUVRE DE
SHINOBU MORITA

LES CIGALES...

... ELLES CHANTAIENT SI FORT LES AUTRES ANNÉES ?

ON EST EN ÉTÉ OU EN AUTOMNE ?

EN QUELLE SAISON ?

...

SHRRW

LES CIGALES ET LES GRILLONS CHANTENT ENSEMBLE...

L'ÉTÉ SE TERMINE ?

BREF...

MAIS JE NE SUIS ENCORE ALLÉ NULLE PART CET ÉTÉ !

SHRRW

... ALORS QU'IL EST 10 HEURES DU SOIR !

MAIS SI !

RIIN

RIIN

HU HU HU...

NOUS AVONS FAIT UN BARBECUE AU BORD DE L'EAU !

REGARD CHALEUREUX SIGNIFIANT "NOUS SOMMES COMME LUI, TU SAIS".

MORITA...

DIS... TU TE CROIS À L'ÉCOLE PRIMAIRE ?

ÇA CRAINT !

... UN BARBECUE AVEC LE PROF DE L'ÉCOLE AU BORD DE L'EAU...

LE DERNIER SOUVENIR DE MA VIE D'ÉTUDIANT...

POF

POF

ELLE EST À NAGANO, C'EST ÇA ?

AU FAIT...

ÇA RESSEMBLE À QUOI, LÀ-BAS ?

LE TEMPLE ZENKÔJI ET KARUIZAWA, C'EST À NAGANO, NON ?

CA FAIT UN MOIS QU'ON N'A PAS VU HAGUMI.

ELLE VA...

... BIENTÔT REVENIR.

JE ME DEMANDE CE QU'ELLE VA NOUS RAPPORTER COMME SOUVENIR !

NAGANO...

DES PÂTES AU SARRASIN ?

... DES LÉGUMES EN SAUMURE ?

CELA NE LES EXCITE PAS BEAUCOUP.

SHÛ-CHAN M'A CHARGÉ DE VOUS DEMANDER CE QUE VOUS PRÉFÉRIEZ !

つけもの
DES LÉGUMES MARINÉS OU DES PÂTES AU SARRASIN ?

OUI.

QUOI ?

UN SOUVENIR ?

AOÛT

C'EST CLAIR ET NET.
clean

DE LA VIANDE.

YAMA

QU'EST-CE QUE VOUS PRÉFÉREZ QU'ELLE NOUS RAPPORTE : DES LÉGUMES MARINÉS OU DES PÂTES AU SARRASIN ?

DITES...

BON ! ILS AURONT DES PÂTES !

DE LA VIANDE !

J'AVAIS OUBLIÉ QUE J'AVAIS UN TRUC À FAIRE.

AH... ZUT !

COMME ILS REVIENNENT DEMAIN, ILS NOUS PROPOSENT D'ALLER MANGER DES PÂTES CHEZ EUX DEMAIN SOIR.

APPAREMMENT, CE SERONT DES PÂTES.

JE N'AI PAS ENCORE FAIT...

... LE DEVOIR POUR HANAMOTO.

QUOI !?

LAISSE-MOI T'AIDER, MAYAMA !

QUOI !? MAIS ON EST DES POTES, NON ?

NON MERCI.

annoy ins ÇA, C'EST GÊNANT.

TU VEUX UN COUP DE MAIN ?

① friendship

JE N'AI PAS BESOIN D'UNE AMITIÉ① QUI RESSEMBLE À DU CHANTAGE② AFFECTIF③

2 000 YENS* DE L'HEURE !

CLAIR ET NET AUSSI.

* ENVIRON 14 EUROS.

TU ES VRAIMENT SOIGNEUX !

よく気を配る 注意する (= soigneu)

POUR MORITA, J'AI SÉLECTIONNÉ LA MÉLODIE DE "YEN SHOP TAKEFUJI"; POUR TOI, UN MORCEAU DU GROUPE ARASHI, ET POUR MONSIEUR HANAMOTO, J'AI CHOISI "SON".

À PROPOS.

ET TOI, MORITA ?

MOI ? PERSONNE NE M'APPELLE, ALORS...

... MAIS MAINTENANT, JE ME CONTENTE DE LA SONNERIE D'APPEL. ベル.

AU DÉBUT, OUI, ÇA M'AMUSAIT DE CHOISIR DES MÉLODIES DIFFÉRENTES...

TU NE FAIS PAS COMME MOI ?

MAIS NON, C'EST TRÈS BIEN.

SI TU NE T'EN LASSES PAS ENCORE, IL NE FAUT PAS ARRÊTER.

HUM... うーん...

JE SUIS SANS DOUTE...

... TROP ENTHOU- SIASTE, UN PEU COMME UN GOSSE.

C'ÉTAIT QUOI ENCORE, CET AIR ?

IL ME SEMBLE QUE ÇA VIENT...

... D'UN FILM...

TIENS, TIENS, MAYAMA ! TOI AUSSI, TU UTILISES QUAND MÊME UNE MÉLODIE SIRUPEUSE !

(甘ったるい) (Sirop)

CLIC

...

OUI.

ALORS, TU UTILISES LA CHAMBRE D'UN AUTRE !?

TU AS MÊME APPORTÉ TA CONSOLE !?

UUH...

JE VOULAIS ÉCONOMISER SUR L'ÉLECTRICITÉ...

QU'EST-CE QUE TU FAIS ?

WAH ! TU ES GLACÉ !

TU TROUVES ÇA CORRECT !?

GWOOOH

VRRRRLL

BRRR

miaaa mta

ÇA IRA POUR LA FÊTE CHEZ HANAMOTO CE SOIR ?

TU N'AS PAS ATTRAPÉ DE RHUME ?

ÇA VA ?

OUI.

VLAN

DORMIR AVEC LA CLIMATISATION ET LE VENTILATEUR !!!

TU VAS MOURIR SI TU CONTINUES !

TU VAS MOURIR DE FROID ! GELÉ !

AAH... DE L'AIR CHAUD...

... IL S'AGIT DE HAGU-CHAN !?

M... M... MAIS...

JE VEUX DONC SORTIR AVEC HAGU-CHAN !?

EUH ? "UNE CHANCE" ?

QUOI !?

PAROLE OSÉE
BOULEVERSEMENT

...

... ÉTAIT AUSSI AVANCÉ QU'UN MAC D'IL Y A DIX ANS...

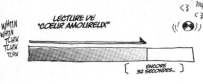

WHTIN WHTIN TCHIK TCHIK TCHIK

LECTURE DE "COEUR AMOUREUX"

TOURNE <3 TOURNE <3

ENCORE 32 SECONDES...

EN MATIÈRE D'AMOUR, LE COEUR DE TAKEMOTO...

TOE TOE コン

1

BAM

EUH !?

VROON

MAIS...

...IL Y A LA FÊTE AVEC LE KOROPOKKURU...

J'AI REÇU UNE DEMANDE SUBITE...

...TU PEUX ME PRÊTER MAIN-FORTE ?

ÇA DOIT ÊTRE FAIT POUR APRÈS-DEMAIN, 19 HEURES.

SI TU PEUX VENIR ENTRE-TEMPS...

TOC

SHINOBU!!

GABAM

J'ARRIVE!!!

...TU RECEVRAS 600 000 YENS* AU COMPTANT !!!

* ENVIRON 4200 EUROS.

TOUT EST POUR NOUS !

DE LA LANGUE !?

DOM

... NOUS ALLONS NOUS PARTAGER CE TRÉSOR À TROIS !!

VIANDE

BEER

HAGU, TU AIMES VRAIMENT LA VIANDE, TOI !

C'EST BON !

AAH

HA ! HA ! HA ! LA LANGUE, C'EST QUAND ELLE EST GRILLÉE QU'ELLE EST LA MEILLEU-RE !

MÂCHE MÂCHE

MAIS IL FAUT OUVRIR LES FENÊTRES ET METTRE LE VENTILATEUR !

BRR BRR

DITES...

... VOUS HABITEZ ICI AVEC HAGU ?

... QUELLE MERVEILLEUSE ODEUR !

97

SHH ジューッ

NON...

... HAGU LOGE À L'ÉTAGE DU DESSOUS.

MAIS ELLE EST ICI LA PLUPART DU TEMPS.

ELLE S'EST INSTALLÉE DANS LA PIÈCE QUI ME SERT DE BIBLIOTHÈQUE.

ELLE SE CONCENTRE.

ガリガリッ

GHAAH!

ジューッ SHH

HH

C'EST UNE VRAIE CARNIVORE.

SI JE LA LAISSAIS FAIRE, ELLE NE MANGERAIT QUE DE LA VIANDE...

HM ?

OUI ! ALORS, MANGE AUSSI DES LÉGUMES !

2 PARTS DE LÉGUMES POUR 1 DE VIANDE !

HAGU, QUELLE EST LA BONNE PROPORTION DE VIANDE ET DE LÉGUMES ?

OUPS...

しゃくしゃく CROC CROC

98

... ET J'AI SOUVENT PARTICIPÉ À DES ACTIVITÉS AVEC ELLE QUAND SON PÈRE NE POUVAIT PAS VENIR...

HM ? OUI. JE LA CONNAIS DEPUIS QU'ELLE EST NÉE...

VOUS VOUS ENTENDEZ...

~ VRAIMENT BIEN !

JE L'AI !

PAS AVEC LA MAIN !

BEER

C'EST UN PEU COMME SI JE L'AVAIS ÉLEVÉE MOI-MÊME, OU COMME SI ELLE ÉTAIT MA FILLE...

HÉ ! TU NE M'ÉCOUTES PAS !?

ALORS C'EST ICI, TON REPAIRE ?

OUI !

GRR...

PENDANT CE TEMP, SON PÈRE...

UN CŒUR RECONNAISSANT
DÉPARTEMENT DE NAGANO

HAGU

OOH !

PILE DE DOSSIERS

IL Y A UNE COMPÉTITION SPORTIVE À L'ÉCOLE DE SA FILLE...

QU'EST-CE QU'IL A, LE CHEF ?

PSS PSS

POURQUOI SONT-ILS L'UN CONTRE L'AUTRE ?

ET CES FAUTEUILS ?

Armchair

SHŪ-CHAN ADORE LES LIVRES.

WAH ! LES MURS SONT COUVERTS DE LIVRES !

C'EST DONC UN LIT...

PARCE QUE J'Y DORS !

LEUR AI T LEURS EMENTS.

...ME LES ONT ACHETÉES QUAND J'ÉTAIS PETITE.

SHŪ-CHAN ET PAPA...

CA, CE SONT MES JENNY.

OUI, ATTENDS...

EUH ? MOI ?

TU VEUX ESSAYER ?

C'EST FACILE !

AH BON...

C'EST TRÈS BIEN FAIT !

THÈME

LA BELLE MOUSTACHUE

MAIS CE DESIGN...

ギョキ ギョキン

CLIC CLIC

C'EST DRÔLE...

... J'AI L'IMPRESSION DE PASSER UN TRÈS BON MOMENT...

UN GRAND GARÇON COMME MOI QUI JOUE À LA POUPÉE AVEC UNE FILLE...

QUELS LONGS CILS...

まつげ

... ILS FONT DE L'OMBRE SUR SA JOUE...

cheek

CLIC CLIC もく もく

ム...じーっ

ジョキン

CONCENTRATION

102

ET VERSAILLES ?

...

RRH ぐ…

MAIS QUAND TOUT SERA PRÊT, LE GERME DE L'AMOUR NAÎTRA-T-IL DANS LE CŒUR DE HAGUMI ? CECI EST UNE AUTRE HISTOIRE... ☆

VE... VERSAILLES...

UH...

CETTE ÉPREUVE TE MONTRERA SÛREMENT LA ROUTE À SUIVRE DANS TON ART ! ☆

COURAGE, TAKEMOTO ! NE TE LAISSE PAS ABATTRE !

DOCUMENTATION SUR LE STYLE ROCOCO CHOISIE PAR HANAMOTO. ☆

Chapitre 6 - fin

REMARQUE :
ILS NE SONT PAS PÈRE ET FILLE.

JE VEUX ☆ ÇA !

AH...

ELIH...

EXCUSEZ-MOI...

QU'EST-CE QU'IL LUI PREND !?

CHEVAL

LE MONDE DU ROROCO

TIGRE

...ÉBRANLENT ENCORE MON CRÂNE...

LES ONDES DE CHOC DE L'ATTAQUE DES HANAMOTO PÈRE ET FILLE...

DANG

IL FILE À L'ANGLAISE !

カ !!

ド ク ン

TCHAK

...JE REVIENS CET APRÈS-MIDI.

SI J'AI BESOIN DE LA CHAISE...

BON, JE VAIS VOIR UN PEU COMMENT ÇA SE PASSE, ET S'IL Y A UN PROBLÈME, JE T'APPELLE.

MAYAMA !?

ALORS, JE T'APPEL-LERAI PARCE QUE J'AURAI BESOIN DE TON AIDE.

OUI.

AVEC UNE FEMME !?

110

IL N'Y A AUCUNE RAISON QUE TU TE MÊLES DE MES AFFAIRES !

TU AS LE DROIT DE VIVRE DES HISTOIRES D'AMOUR FOIREUSES, C'EST VRAI...

SI !

... QUI N'ARRÊTENT PAS DE ME POSER DES QUESTIONS SUR TOI !

J'AI PLEIN DE COPINES DANS D'AUTRES UNIVERSITÉS...

MAIS DANS CE CAS, ARRÊTE DE TE POINTER À DES FÊTES...

AÏE...

DIS... DANS TA FAC, IL N'Y A PAS UN GARÇON EN QUATRIÈME ANNÉE QUI S'APPELLE MAYAMA ?

... ET DE REPARTIR AVEC DES FILLES COMME SI TU FAISAIS TON MARCHÉ !

C'EST VRAIMENT PÉNIBLE !

C'EST LA QUA- TRIÈME VICTIME...

QUOI ? COMMENT TU SAIS ÇA, TOI ?

* MACHINES À SOUS.

AH, RIKA ! ÇA FAIT DRÔLEMENT LONGTEMPS !!!

EXCUSE-MOI DE T'AVOIR APPELÉ COMME ÇA SANS CRIER GARE...

JE VEUX BIEN.

JE T'EN PRIE, ÇA NE ME DÉRANGE PAS DU TOUT.

ÇA VA PLUTÔT BIEN. ET TOI ?

COMMENT ÇA VA ?

UN CAFÉ ?

...

パタン

MOI QUI SUIS SI OCCUPÉE, CE N'EST PAS PRATIQUE DE NE POUVOIR SE SERVIR QUE D'UNE MAIN QUAND JE SUIS DEBOUT.

COMME TU VOIS...

JE NE PEUX MÊME PAS PRENDRE DE NOTES... C'EST PÉNIBLE.

LE BOULOT, ÇA VA ?

TU SEMBLES OCCUPÉE.

ET LA SANTÉ ?

J'APPELLE TSUKAMOTO POUR LUI POSER LA QUESTION.

O.K.

ALLÔ...

CELLE DE KOYAMA EST-ELLE ENCORE LÀ ?

CELA NE DOIT PAS ÊTRE UNE CHAISE DESSINÉE PAR UN PROF, LA CRÉATION D'UN ÉTUDIANT CONVIENDRA PARFAITEMENT.

OUI. PENDANT DEUX OU TROIS JOURS.

HM...

ELLE AVAIT L'AIR EN TRÈS BONS TERMES AVEC HANAMOTO...

QUI EST CETTE FEMME ?

CocaCola
OUVERT
RESTAURANT
CAFÉ
KEYAKI-DÔ (SOUS-SOL)

* ENVIRON 0,8 EURO.

JE PENSAIS EN PRENDRE UNE POUR SHÛ-CHAN ET UNE POUR MOI...

LES CRÈMES À LA VANILLE ?

QU'EST-CE QUE TU REGARDES, HAGU ?

MERVEIL-LEUSEMENT BON !

ALORS ?

C'EST BON ?

HAGU-CHAN...

JE ME TROMPE OU TU AS FAIM ?

- QUI GAR-GOUILLE

J'ENTENDS SON VENTRE...

...

LA CRÈME ...

... ET IL NE POURRA SANS DOUTE PAS LA MANGER TOUT DE SUITE.

AH... MAIS IL A DE LA VISITE POUR L'INSTANT...

IL L'A INVITÉE, ALORS QU'IL EST FAUCHÉ...

THÉ

KROU!!!

KROU!!!

DE LA VISITE ?

MIKA ÉTAIT VRAIMENT TROP...

KYAH ! HA ! HA ! HA !

... AVEC DES AMIES ...

JE NE T'AI JAMAIS VUE...

AU FAIT...

DES SOURCILS ? À UN CHIEN SHIBA ?

ELLE A DESSINÉ DES SOURCILS À SON CHIEN !

SLURP

KYAH!

KYAH!

KYAH!

WHOMM

C'EST LA PETITE AMIE DE MAYAMA ?

ELLE EST TRÈS BELLE !

HA ! HA ! JE LE LUI DIRAI !

...

... ET QUE CE MATIN, IL ÉTAIT AVEC CETTE FEMME DANS UN TAXI QUAND IL EST ARRIVÉ À L'ÉCOLE...

ALORS, COMME HIER SOIR IL A REÇU UN APPEL ET QU'IL N'EST PAS RENTRÉ...

EUH... C'EST QUE MORITA A DIT QUE MAYAMA AVAIT UNE COPINE...

EUH...

LEUR RELATION N'EST PAS...

... CELLE QUE TU IMAGINES.

...

... JE ME DEMANDAIS ...

... S'ILS SORTAIENT ENSEMBLE ...

HEIN ?

HEIN ?

124

* ENVIRON 4,5 EUROS.

NE M'APPELLE PAS COMME ÇA !

D'ACCORD, PATRONNE ?

LE "RESTAURANT DES CŒURS BRISÉS"* T'ACHÈTERA TOUTE TA PRODUCTION !

TU ES FAITE POUR CETTE ACTIVITÉ.

TES CRÉATIONS SE VENDRONT COMME DES PETITS PAINS !

ENFIN...

* TITRE D'UNE CHANSON DE KENTARÔ SHIMIZU ("SHITSUREN RESUTORAN").

APPAREMMENT, MAYAMA AVAIT COMPRIS MES SENTIMENTS.

IL SE MONTRE TOUJOURS AUX AUTRES SOUS SON MEILLEUR JOUR...

... ET QUAND IL NE PEUT PLUS SAUVER LES APPARENCES, IL A PEUR ET IL S'ENFUIT...

JE NE LUI AVAIS POURTANT RIEN DIT, MAIS...

MAYAMA... IDIOT...

AH...

... TU ES VRAIMENT ACCROCHÉE.

ET ALORS, PELIT-ÊTRE QU'UN JOUR, LUI AUSSI...

... IL PLEURERA COMME MOI À LA TOMBÉE DU JOUR...

EH BIEN, TOI...

PLOC

QUOI ?

... ME FAIT VERSER ENCORE PLUS DE LARMES.

QU'EST-CE QUE TU VEUX, HEIN ?

ENFIN...

WAAAH !

NE M'OBSERVE PAS D'UN AIR SI DÉTACHÉ !

MAIS CETTE PENSÉE...

L'AMOUR !

L'AMOUR...

Chapitre 7 - fin

honey and clover

Chapitre 8

C'ÉTAIT UN AIR VENANT D'UN VIEUX FILM QUE J'AVAIS UN JOUR REGARDÉ EN VIDÉO.

JE L'AI ÉCOUTÉE EN RETENANT MON SOUFFLE.

CETTE VOIX RISQUAIT DE DISPARAÎTRE SI J'EFFECTUAIS LE MOINDRE MOUVEMENT...

TU NUIS À SON C.V.!

AAH !!!

UN ECTO-PLASME !!!

iDiOT ! ARRÊTE !

Y AVAIT UN DESSIN DE PATRASCHE, LE CHIEN DES FLANDRES !

ET 240 YENS* DE RETOUR.

BiEN SÛR !

ON iRA BOiRE APRÈS ?

ALORS, C'EST LE BOWLING AU-DESSUS DU MARUi DE NAKANO ?

QUOi, MAiS C'EST LOiN !

DiTES... EST-CE QUE TAKIGUCHI VIENT AUSSi ?

VITE, À L'INFIRMERIE !

MERCi.

* ENViRON 1,7 EURO.

AH... DiTES...

HANAMOTO ViENT AUSSi ?

* ENViRON 1,7 EURO.

N'EST-CE PAS ? MÊME QUE LE JOURNAL A PARLÉ DE TA SCULPTURE POUR LE MUSÉE.

MAIS TU AS UNE ŒUVRE À ACHEVER, NON ?

... ALORS POURQUOI PAS, POUR UNE FOIS ?

TU NE VIENS JAMAIS AVEC NOUS...

MAIS OUI, ET TAKAZAWA NOUS A DEMANDÉ...

... DE NE PAS LA DÉRANGER DANS SON TRAVAIL...

INCROYABLE ! IL PARAÎT QUE C'EST POUR LA GRANDE EXPOSITION DU SHIKIKAI ?

DOM

TU SAIS BIEN QUE HANAMOTO EST "SPÉCIALE" !!!

BON, BEN... DÉSOLÉ DE T'AVOIR PROPOSÉ CETTE SORTIE...

DOM

ET PUIS, ELLE NE PARLE PAS BEAUCOUP... ELLE EST UN PEU BIZARRE.

ON SENT QU'ELLE EST UNE ARTISTE. UN PEU COMME OKAMOTO TARÔ* !

EH OUI... PAS COMME NOUS !

TU NE T'INTÉRESSES PAS AUX FÊTES, NON ?

EFFEC-TIVE-MENT.

* PEINTRE ET SCULPTEUR D'AVANT-GARDE (1911-1996).

DOM

DOM

QUAND SERA PRÊTE TA PROCHAINE ŒUVRE ?

CE SERA PLUS PRESTIGIEUX DE PARTIR À L'ÉTRANGER EN ÉTANT ENCORE JEUNE ET D'Y GAGNER TES LAURIERS.

CE STYLE, ÇA NE VA PAS.

SI C'EST POUR UNE EXPO, IL NE FAUT PAS D'ŒUVRE ABSTRAITE.

DOM

Chapitre 8 - fin

ŒUVRE DE SHINOBU MORITA.

DANS CE CAS, CE QUE JE RESSENS DOIT ÊTRE...

ON PARLE DU "SYNDROME DE MAI"*.

REVOILÀ CETTE SAISON DÉTESTABLE...

HUM...

... LE SYNDROME DE DÉCEMBRE.

C'EST UN PEU COMME SI JE SUBISSAIS UN INTERROGATOIRE.

AS-TU UN FOYER ?

ES-TU HEUREUX EN CE MOMENT ?

JE DOIS ME REPRENDRE !

... TOUTES CES GUIRLANDES LUMINEUSES ET CES BRUITS DE CLOCHETTE.

... MAIS ÇA M'ÉNERVE...

J'IGNORE POURQUOI...

X'mas

X'mas

GÂTEAUX DE NOËL

RÉSERVEZ DÈS MAINTENANT

* NOM DONNÉ À UNE NÉVROSE APPARAISSANT APRÈS LA RENTRÉE DES CLASSES (EN AVRIL).

MAIS QUAND SONT-ILS ARRIVÉS ?

MERCI !

SUPER-CHEF !

SUPER-CHEF ! BANZAI !

GÉNIALE !!!

AH !

OOH !

WAH !!?

... EST ARRIVÉ.

PUIS LE SOIR DU 24...

NOUS SOMMES 7 EN TOUT, C'EST ÇA ?

SHŪ-CHAN NOUS A DONNÉ 10 000 YENS !

10 000 YENS !

10 000 YENS !

QU'EST-CE QU'ON POURRAIT ACHETER ...?

... POUR QUE ÇA FASSE "NOËL"...

QUELQUE CHOSE DE COPIEUX...

DU POULET RÔTI...

ET MOI, QU'EST-CE QUE JE VAIS MANGER ?

... DE LA CRÈME VANILLE...

K'AH !

... JE N'AIME PAS BEAUCOUP NOËL.

TU AS RAISON...

CHAQUE ANNÉE, NOUS PASSIONS NOËL AVEC LES ENFANTS MALADES DE L'HÔPITAL.

QUAND J'ÉTAIS PETIT, JE VIVAIS CHEZ MA MÈRE QUI EST INFIRMIÈRE.

PAPA !!!

DÉSOLE D'ÊTRE EN RETARD !

COMMENT DIRE...?

... A UNE ATMOSPHÈRE PARTICULIÈRE, MÊME SI TOUT LE MONDE EST JOYEUX.

MAIS NOËL À L'HÔPITAL...

... TU...

... SAIS TOUT...

... ELLE M'EN A JUSTE UN PEU PARLÉ...

NON... MAIS...

RIKA T'A RACONTÉ ?

CELA FAIT UN AN ET DEMI QU'ELLE VA LÀ-BAS.

MERCI...

JE VAIS QUAND MÊME RECONDUIRE LES FEMMES ET LES ENFANTS...

NOUS SOMMES PRESQUE LE 25 DÉCEMBRE...

ALORS...

LES CADAVRES JONCHENT LE SOL.

屍るいるい...

BON, DÉSOLE, MAYAMA, MAIS TU VOUDRAS BIEN RANGER UN PEU ?

TU FERMERAS À CLÉ.

J'Y VAIS.

C'EST LE MAGASIN DE SAKÉ À CÔTÉ DU FAMILY MART.

MERCI POUR ELLE !

EN FACE DE L'ÉCOLE DE KUBO.

OÙ HABITE-T-ELLE ?

RRH

IL FAIT SÛREMENT UN RÊVE TRÈS AGRÉABLE !

IL SOURIT DANS SON SOMMEIL.

C'EST LUI QUI SE MARRE, TU SAIS.

HÉ ! HÉ !

ぐ しっ HM...

IL M'ÉNERVE, CELUI-LÀ !

LÀ, VOILÀ !

REGARDE COMME ÇA SCINTILLE !

IL EST VRAIMENT...

JOYEUX NOËL !

... TRÈS BEAU !

Chapitre 9 - fin

BONJOUR ! RAVIE DE ☆ FAIRE VOTRE CONNAISSANCE, VOUS QUI ME LISEZ POUR LA PREMIÈRE FOIS !! ET À VOUS QUI ME LISEZ DEPUIS LONGTEMPS, ☆ RAVIE DE VOUS REVOIR APRÈS SI LONGTEMPS ! C'EST MOI, UMINO.

WAAH!

VOUS PORTEZ-VOUS BIEN ?

.. NOUS AVONS DÉCIDÉ DE TOUT FAIRE POUR VIVRE JUSQU'À 120 ANS ! AFIN DE NOUS ☆ FORTIFIER, NOUS FAISONS DU VÉLO AU POINT D'AVOIR PARFOIS DES CHUTES DE TENSION ! NOUS SOMMES TRÈS ACTIFS.

GUKUCHO!

HARE-CHAN ET

AVEC MES COLLA-BORA-TEURS ..

FWAAM

GASHANG

BATAM

PUISQUE NOUS SOMMES EN ÉTÉ, JE VAIS, POUR VOUS RAFRAÎCHIR, VOUS RACONTER UNE HISTOIRE QUI VOUS GLACERA LE SANG.

IL EXISTE UN OBJET TERRIFIANT QUE L'ON TROUVE DANS PRESQUE TOUS LES FOYERS.

MAIS, QU'A-T-IL DE TERRIFIANT, ME DIREZ-VOUS ?

LAMPE

LE VOICI.

VOUS NE TROUVEZ PAS QU'ON DIRAIT UN VISAGE HUMAIN ?

ŒIL

NEZ

BOUCHE

GRAIN DE BEAUTÉ

EH BIEN, REGARDEZ-LE ATTENTIVEMENT...

QUAND ON TIRE LE FIL AU MAXIMUM AU MOMENT DE SE COUCHER...

PAR-DESSUS LE MARCHÉ, LE FIL DE LA LAMPE DE NOTRE CHAMBRE EST MUNI D'UN ENROULEUR QUI NOUS PERMET DE L'ÉTEINDRE MÊME LORSQU'ON EST COUCHÉ.

ON DIRAIT QU'UN FILET DE BAVE SORT DE SA BOUCHE, NON ?

EN PLUS... UN VISAGE QUI NOUS FIXE !

VOYEZ COMME SA MAIN DÉMONIAQUE APPROCHE DU VISAGE DE MES ASSISTANTS PAISIBLEMENT ENDORMIS !!

C'EST TOUT. C'ÉTAIT MON "HISTOIRE RAFRAÎCHISSANTE POUR L'ÉTÉ". ☆

JE CONTINUE À M'APPLIQUER POUR DESSINER DES MANGAS AVEC SÉRIEUX ET BONNE HUMEUR. J'ESPÈRE QUE VOUS SUIVREZ MON ÉVOLUTION. À LA PROCHAINE FOIS !

AAH ! QUEL DANGER !!!

PETIT SOMME

AAH ! ATTENTION ! LA MAIN DÉMONIAQUE DE LA LAMPE APPROCHE DU VISAGE DE HARE-CHAN !

Dépôt légal d/2007/0086/47
ISBN 978-2-5050-0093-8

Conception graphique : Les Travaux d'Hercule
Traduit et adapté en français par Pascale Simon
Adaptation graphique : Eric Montésinos

Imprimé en France par Hérissey/Groupe CPI - Evreux